एहसासों का हिसाब

कागज़ से बातें

रवि कुमार

BookLeaf Publishing

India | USA | UK

Made with ❤ on the BookLeaf Publishing Platform
www.bookleafpub.in
www.bookleafpub.com

Dedication

अपने प्रेम, अपने परिवार और अपने मित्रों के नाम–
जिन्होंने हमेशा मेरे एहसासों को समझा,
यहाँ तक कि जब मैं उन्हें शब्दों में नहीं कह पाया।

Preface

कुछ भाव ऐसे होते हैं जो कहे नहीं जाते—वे भीतर ही भीतर जीए जाते हैं और अंततः कागज़ पर उतर आते हैं।

"एहसासों का हिसाब – कागज़ से बातें" उन्हीं अनकहे एहसासों की अभिव्यक्ति है।

इन पन्नों में वही दर्ज है जो मैंने सच में महसूस किया—वे भाव, जिन्हें साझा करना आसान नहीं था।

मैंने उन्हें किसी और से नहीं, अपने कागज़ से कहा... और शब्दों में ढाल दिया।

ये रचनाएँ किसी सजावट का प्रयास नहीं, बल्कि एक सच्ची अनुभूति हैं—सीधी, सरल और दिल से निकली हुई।

यदि इन शब्दों में आपको अपने ही एहसासों की कोई झलक मिल जाए,

तो यही इस पुस्तक का सबसे सच्चा उद्देश्य होगा।

Acknowledgements

अपने परिवार का, जिनकी उपस्थिति ने मुझे हमेशा संबल दिया।
अपने मित्रों का, जिन्होंने बिना किसी प्रश्न के मेरी भावनाओं को समझा और स्वीकार किया।
और अपने उस "तुम" का, जिसने मेरे भीतर इन एहसासों को जन्म दिया।

1. सुकून

अब मुझको सुकून है
इंतजार की वो लंबी रात
आखिर फ़ज्र की रोशनी मे ढल गई।
राहे जो संशय के कुहासे में थी,
निश्चय के सुरज से आलोकित हो गई।

दो स्वभाव - एक लय
दो रूहे -एक ही स्पन्दन
अब प्राचीन मंत्रो सी पूर्ण उच्चारित हो गई।
मै, आत्म निर्भीक हो गया,
प्रतीक्षा की तपस्या जो मंगल गीत में बदल गई I
अब मुझे सुकून है,
रूह ने अंतत:
अपनी ही प्रति ध्वनि को पा लिया ।

2. मै ना

मै ना, गुस्ताख हुँ
खौफ का पर्दावान हुँ
मुराद, नाशाद भी, बेराद मगर आबाद हुँ ।
महफुज पर तन्हा भी
बहुतौ से लड़ा मै, तब भी नाबाद हुँ ।

मै ना, अल्फाज़ हुँ
लिहाज' दिया तो गजल हुँ
शिद्दत मोहब्बत अश्क , रफाकत वफा हुँ
मुकम्मल न हो सकी 'जो
वह रूहानी सुखो पत्तो सा बयाँ हुँ I

मै ना, सच मे आफताब हुँ
जिसके अफसाने बन गए वह हिकायत हुँ ।
छुपा सा जज्बा, खुला इजहार हुँ,
जिंदगी का अनोखा अंदाज भीं I
इम्तिहान की आग मे तपा मै, कावन हुँ
सिपहसालार मै, रणभूमि पे आधार हुँ
इस्तिकामत और हौसले का मुसाफिर

मै ना बेमिसाल हुँ I

3. अनघ

याद जो तुम आए
फिर उस शाम मे जो बात चली,
बह गया, उफर पड़ा, संचित टुट गया I

बांधा जो धैर्य, कलाई पे मौली
टूटता सब गया, व्याकुल स्मृति ।

पर अनंत मे जलता कैसे ?.
तेरा भक्त, तुझसे सिखता कैसे ?
अनघ के जठो सा सरल
न बंधा कभी, न बाधा जिसमे कभी ।

पुकारा मैने फिर शंख की तरह
आँखो मे उठी रोशनी सी कथा,
जो धारा उठी, वह सब भाव मे था,

और
मन सारा उसी मे प्रवाह था I

4. अशुन्य

अशुन्य तु अशुन्य मैं,
करिशमा तु करिश्मा मै,
फिर क्या ढूंढे जग मे सारा
धुप तु बरसना मेरा.
फरमान तु अरमान मेरा
दपर्ण , अपर्ण, काज मिराज परवाज तु
अनुगूंज मेरा

सब तेरा सब मेरा
क्या अलग है तु, हर क्षण अधुरा तु
नूर तु, सुरूर मेरा,
आबाद मे मै जब, मुराद हुँ तेरा
प्रयास तु विश्वास मेरा
फिर क्या बंधन तेरा मेरा
अंजाम तु, आगाज़ मेरा
अंतः सत्य
न तेरा न मेरा
फिर भी करिश्मा तु करिश्मा में
दोनो में छुपा जग सारा I

5. हर-सु असर

रोऊ या भूल जाऊँ,
इस किस्मत को, इस किस्मत पे,
यह आत्मसंशय अब चित्त को संताप देता है,
जो होने नही देता
न मुझको, न तुझे मुझसे।

भाग्य के पाश मे बंधने का दोष
न तुझ पर अरोपित कर सकता हूँ
न खुद को समझा सकता है।

रोऊ या भूल जाऊँ
इन राहो से कही दुर हो जाऊँ
हर-सु असर जो तेरा छाया,
उसको कैसे वापस लाऊँ ?

बाते रातो को चुभे
चांदनी मे कोई टीस दबे।

राऊँ या भूल जाऊँ
दो पल कस ही सुकून पाऊँ
और सोच सोचकर थक जाऊँ
मैं खुदको अब कहाँ से पाऊँ।

6. खाली पन्नो सी

खाली पन्नो कि किताब सी हो तुम,
हर पलट मे एक
फिर जाने क्या ढूंढती हो,
फ़िराक़ ।

गुरूर गुमान है तुमकों
कोई रंग भरेगा
कुछ आते जाते खुबसुरत लोग
अक्षरों को स्याही से सजा देंगे गुदा देगें ।
खाली पन्नो सी हो तुम बेज़ुबान,
पर कुछ लफ्ज कहती हो तुम
जैसे अंतरतम मे सुप्त हो,
पर हर अध्याय की शुरुआत हो तुम
शायद दिल की अनकही बात हो तुम,
मेरी ।

7. एक खत

एक खत आया,
खोला, पढ़ा, रख दिया
पर समझ न पाया, - आया क्यो ?
यूँ तो लाखो पलो को सुलगा चुका था,
खुद को उन लपटो में समा चुका था
भस्म कर चुका था
तो नई जलन क्यो , तड़पन क्यो ?

खत मे न तुम थे, न तुम्हारी बाते
शायद पढ़ने वाला भी, बदल चुका था,
तो यह मचलन क्यो, नासमझी क्यो ?
न अर्थ रहा, न अर्थात
जो हो गया वह कर गया था बर्बाद
फिर मन में संवाद क्यो ?
स्वीकार किया कि अब भी है अफरा- तफरी जिंदा है,
शामिल है दर्द, वेदना
फिर खोला उन सफेद अक्षरो को पढ़ा और रख दिया।

8. यूँ मिलो।

मिलो की
मन के ठहराव में हलचल हो,
जो अनचाही विप्लवता है, उसमे खंब हो I

यूँ मिलो की
रूह की कंपन संपन हो,
पर छुओ तो सिरहन की दौड़ हो,
वैगानो मे छुपे रहो
और नजर चोरी हो,
जौहरी की बारीकी की तरह

फिर लबो पे धार बस तुम्हारा हो
और गुदगुदी थमे न,
मिलो तो यूँ
कि मुझे पढ़ लो
आखिरी पन्नों की तरह ।

9. आ तुझे खत्म करें

आ तुझे खत्म करें,
तेरे दिए हुए खवाबों को,
जज़्बात को, लिखे हुए रिकाब को ।
दिलों के गिर्दाब को
जो चिनाब थी,
खिताब की उकाब थी ।

आ तुझे दफन करे
जो कफन सी लगी दिल्लगी
अजन थी गठन
अकन न था जिसका कहीं ।
तुझे रोक दे; कोई संवरण न हो
तब खुद का परिष्कार करे
शायद नया अविष्कार करे
एक ओंकार करे ।

10. चित्र

यूँ तो मैं एक चित्र बना रहा था
सामने चट्टान थी, लहराते शाखाएँ थी।
पर कुछ लोग भी थे,
कैद हो गए
किसी चाहत की तरह।
कितनों के हिस्सों में हम कैद है
कुछ में चाहे
बहुतो में अंजान ।

शायद बता रहे थे, सुंदर चीजें स्थिर है,
मनचाहा रंग भरा जा सकता है,
पर उनमें जान नही
विशेषता यह की मेरी नजर दुनिया देखेगी,
अपने नजरों से,
चित्र को रखा जा सकता है।
महसुस कुछ ही कर पाते है।

11. काश

काश, मैं तनहा छोड़ देता तुझे
कंधा न बनता तेरा
यह बोझ न लेता तेरा
तुझ सा न हो जाता',
तुझ तक ही नही रह जाता I

पर चाहतो को रोकता कैसे.
डूब चुका था तुझमें,
तुझे टोकता कैसे ?

12. क्यूँ लिखता हुँ मैं

क्यूँ लिखता हुँ मैं,
कहाँ लिख पाता हूँ मै
कई शब्द अदल नही कर पाते तुझे,
कितनो में वह दम नहीं।

फिर भी उत्सुकता रहती है, कुछ उच्चारण
जो वेद की तरह लगती है तुझपे I
जरा सी कम खुबसुरत होती तो
हर्फ़ों की माला गुंदवा देता
पर सुरमय नयनो की कटाक्ष कहाँ रहने देती वह भी तुझपे
I

मैं तिनका-तिनका शब्दों को सजाता हूँ,
रोज एक ताजा तुम्हारे जिजीविषा को बयान करता हूँ।

तुम्हारे रौनक को चमकाते हुए,
खुद को उजाले में पाता हुँ ।
इस अतिव्यस्त मे तुझे वरण कर,
खुद को तालाश लेता हूँ ।
शायद इसीलिए लिखता है,
तुझे अपना पाता हुँ।

13. आँखो की बातें

बात तो आँखो की ही है।
जज़बात कहाँ छुपा पाती है यह,
चहल-पहल कर इरादे बतला देती है यह,
लाख छुपा लो तुम
अंदर के नाजुक खोर को झलका देती है यह I

बाते तो आँखो की ही है
इलाको में चर्चे करवा देती है यह,
मुखौटो से भी न छुपता
मन के तरंगो को कंपना करवा देती है यह I

बाते तो आँखो की ही है,
अपना बना लेती है यह ।

14. सर्द

भागे हम अल्प निंद्रा की ओर,
ताकि
वक्त झलकते हो शाम हो जाए।
जंगले के कोने से आती धूप से दिल को सुलगा देना,
तुम चाय के बहाने कुछ देर में उठा देना,
हम रूठे ही ना रह जाए I

सर्द शाम और साथ तुम्हारा हो जाए
मिल लो I
कहीं इस ठण्ड में यादें जम न जाए I
मिलकर धुप में करते सेकाई,
अब कटती नही यह तन्हाई I

15. प्रेम प्राकृतिक है

सोचा है?
वात का चहरे पे सिरहन देना,
महसुस उनहे करना ।

धरती की चाहत मे,
दूर आकाश से गिरता झरना,
उसी तरह मेरा तेरी ओर रिसना ।

रात को अलिंगत कर,
तुम्हे चाँद मानकर कानाफूसी करना,
सूरज को सामने रख, परछाई तुम्हे मान लेना
मन मेरा काव्यकृतिक, अंलकृतिक है,
यह प्रेम बढ़ा प्राकृतिक है।

बंजर जमीन बूंद को तरसती,
व्याकुल मैं, तेरे झलक को ।
कितनी बार पंछियों की जरिया मान,
तार तुम्हे भेज देता,
चहकते हुए तुम्हे सारा दिल सुना देती।
कहती,
यह सब सार्वत्रिक, नाट्यकृतिक है,
यह प्रेम बढ़ा प्राकृतिक है।

16. यूहि चलते चलते ।

बात जबकी है, जब जमाना हमारा था,
हम जमाने के थे नहीं।
किताबों में कुछ दर्ज था नहीं
आमदाएँ प्रचुर थे नही
फिर तुम मिलें, यूहिं चलते-चलते !
कुर्ब- बढ़ी । अंदरनुमा जहन जागा,
बताता रहा, जताता रहा
मन में शहर बसाता रहा
सारी-सारी रात आशाओ को बाँधता रहा,
अहसाश मिले, सिफर घटा
यूहि चलते चलते ।

सब्र करके ताबीर को समझना चाहा
यह तृष्णा है या मुराद
शायद हो सकता है मकाम।

हर मंजर को देखा हमने, खुद को ढूंढा तुममें.
कुछ ख्याल है उसने मन में. कुछ बंदिशे है मेरे दिल मे
सपने होंगें पूरे ?
यूहि चलते चलते ।

17. सफर

माथे को सहारा दे,
बस के दरीचे पर आँखे बंद,
दुनिया देख रही थी।
वह अपने मे खोया कुछ पाना चाह रही थी,
लंबा सफर खुद के भीतर तय करना है उसे ।

मस्त मगन हो, चलते हुए
लबों से बुदबुदाते हुए
अहसास संभाल रही थी
टुटे हुए रिश्तो को वह म मे सजा रही थी
पाना कठिन नही, कठिन संभाल कर रखना है उसे I

सिख रही थी वह
हर मोड़ के अंजान कहानी को
कभी हँसती, कभी चुप, पर एहसास मे गहरी निशानी को,
हर सवाल पे नई राह खोल रही थी,
छोटी - छोटी सचाइयों को अब अपनाना है उसे I

धैर्य से अंदर की आवाज सुन,
खुद की परछाई से धीरे-धीरे बात कर
खिड़की के पास बैठी वो,
खुद से पहली बार मिल रही थी।

18. खुबसुरत

अभी बस इतना ही
कुछ हदों को नही लाँघते
इतने पे ही रूक जाते है,
इतना ही खुबसुरत है

दूर से मुस्कान की देखन है,
पास की खुसफुसाहट की जरूरत नहीं,
बातो को होने देते है,
उनको घुलने नही देते,
इतना ही जरूरत है।

मन को सँभालते है,
तकरार होने देते है.
अंदर के घाव को रोकते है
इससे ज्यादा उपरत है
इतना ही खुबसुरत है।

19. अब

अब मैं चाहने लगा हूँ, इस वक्त को
जो तोड़ा ठहरा है, पर मीठे पलो को गुनगुनाते भागे जा रहा है।
जैसे कि यह झील, जो ठहरा है, गहरा है और बह रहा है।

आखिर क्या चाहता है, समझ नही आता
नासमझो सा चाहने लगा है, भाने लगा है
शायद वक्त ही 'अब' को अपनाने लगा है।

वक्त ने हदें देकर आवारा बना दिया
सीखाते सीखाते सब भुला दिया
अब जिंदगी के मायने बदले है
वक्त को ही वक्त न देकर राहें बदले है।

कब रूठेगा यह क्या पता,
तमाम सवेरो को लुटेगा क्या पता,
'अब' बस इसको गहन करते हैं,
अबको समटते है।

20. मिलेगा - तेरे चाहने से

मिलेगा सबकुछ – वक्त पर, राह पर, ठहराव पे,
चाहत मे, नफरत में
तन्हा दिल में, सौहार्द मे
पर जब तु चाहेगा।

मिलेगा सबकुछ – तेरे शिखर पर, तेरे शिकस्त पे,
डूबते हुए या लहरो के साथ
काली रात मे, उजारी मे
मन के अंदर, समस्त संसार मे
पर चाहेगा जब तू ।

तब तक चलते रहना
थक हार के, उठ बैठ कर
नमक के शहर मे जख्म मत खोल
हर वक्त हार है, जीत है
जो चाहेगा जब
मिलेगा सबकुछ ।

21. अमर प्रेम

अमर प्रेम, अमर प्रेम
अगर होता, तो क्या इस युग को झेल पाता ?
ज़िंदा होता तो क्या शोर में तुम्हे सुन लेता ?
क्या भीड़ में सिर्फ तुम्हे चुनता ?
जिधर लोग शब्द याद रखते और इंसान भुल जाते।

पर अमर आसान तो नही
इस युग मै वह साहस चाहता
समय से न हारता, और निखरता
स्वयं को सिद्ध न करता
अस्थिर युग मे धैर्य को धर्म मानता
सत्य से संतुलित रहता।

अमर प्रेम एक निर्णय से जन्म लेता
वह अपेक्षा नही करता, उपस्थित रहता
उत्तरदायित्व हमेशा प्रेम को बनाता,
परिपक्वता उसे संभव ।
अमर प्रेम, अमर प्रेम.
प्रश्न न बनता, हमे खुद ढूँढता ।

www.ingramcontent.com/pod-product-compliance
Lightning Source LLC
Chambersburg PA
CBHW070655240926
51846CB00003BA/930
9789375439240